# 거짓말 통조림

김종애 시집

문학의전당 시인선
203

# 거짓말 통조림

김종애 시집

문학의전당

### 시인의 말

그동안
애쓴
내가 보인다
맨손으로 물고기 잡는 아이처럼
움키기에 급급했던 시들
잘 가거라, 안녕
이제 나는 자유다
새로운 시작이다

2015년 유월
김종애

차례

시인의 말

## 제1부

빛 13
인터뷰 14
간이역 16
예수님의 six-pack 18
희망퇴직 20
가을 그리고 강 22
식구 24
말 25
마로니에 공원 26
성(聖) 금요일 28
장미 30
정오의 버스 32
당신이 원하신다면 33
공중골목 34
서 있는 물 36

## 제2부

저녁　39
Q&A　40
이브의 제안 1　42
이브의 제안 2　44
연(鳶)　46
PS　48
오후 3시　51
안전지대　52
그 사람, 추기경　53
고양이　54
맥도널드 할머니　56
누진다초점　58
영동선은 없다　60
2월　61
스마트시티　62

## 제3부

환절기 65
거짓말 통조림 66
재의 수요일 68
빈 중심 70
저 여자 72
두 개의 봄 74
섬 76
소금편지 77
어떤 소식 78
뒷맛 80
처서 82
마지막 출구 84
엉겅퀴꽃 86
바람 부는 날 88
두고 온 남자 90

## 제4부

다시 첫사랑　93
능소화　94
부활성야미사　96
촛불　98
정거장에서　100
詩　102
인사동　104
꽃피는 시절　106
통영　108
우리 집　110
소리놀이　112
아버지의 건널목　114
11월　116

해설 | 여자란 배역과 빈 중심의 노래　117
　　　임동확(시인·한신대 교수)

# 제1부

# 빚

전두환 물러나라!
구호가 점령한 종로거리
전경과 학생들 마주보고 진군해온다
돌팔매질만큼의 거리에 다다랐을 때
메뚜기 떼처럼 흩어지는 시위대에 휩쓸려
들어선 무교동 골목

"나 학생 아니에요. 아니라구요"
방망이 을러메는 전경에게
다급하게 외치던 무역회사 경리사원은
무척이나 대학생이 되고 싶은
스무 살이었다

## 인터뷰

성형하신 적 있나요?
비 오는 날
공덕동 족발골목 끝
카페는 2층이고 커피는 깔루아커피
여성의 아름다움은 뭐라 생각합니까?
빗방울이지요
족발입니다
간판에 매달려 버둥대는 빗방울
커피와 깔루아의 불협화음 한 모금
족발과 카페의 절뚝거림
돼지기름 미끈거리는 골목에서
막걸리 한 잔에 둥근 빈대떡
절대 포기할 수 없거든요
비가 오고
살아 있어 사는 날까지
두리번거리는 저 우산들
빨간 귀고리가 카메라 렌즈를 훔쳐요
유혹당하고 싶은

유혹이라구요
달랑거리는 부탁의 말씀
많이 아픈,
견딤이지요
편집 되겠지만

# 간이역

봄이 지나갑니다.
스팸문자 같은 봄.
늙은 도둑* 같은 봄.
학림다방 삐걱대는 계단 같은
봄이 지나갑니다.

봄이 또 지나갑니다.
혜화역 입구
엎드린 걸인 같은 봄.
똥 같은,
오줌 같은 봄이
내 봄의 간이역을 지나갑니다.

팔순 노모와 함께 허물어지는
내 대학병원 간이역에
치매 같은 봄.
잡담 같은,
거지깡통 같은 봄이

덜컹거리며 지나갑니다.

10만 킬로미터 핏줄 속을 내달리는 봄.
무한제로에 수렴하는 희망 같은 봄.
소실점 너머에서도 깜빡거리는 봄.

그 봄의 간이역에서 나는
오지 않는 봄을
오늘도 기다립니다.

---

*이상우 극본 연출 연극 〈늙은 도둑 이야기〉에서 빌려옴.

## 예수님의 six-pack

일흔넷에 영세하신 어머니
성당에 들어서면 차마 민망해 고개를 들 수 없다 하신다
이유인즉
벌거벗은 예수님 때문이라는데

그러고 보니 알몸으로 매달려 계신 저분
복근이 선명하다
무엇으로 단련된 몸일까
배고픔일까 외로움일까
아니면
블랙초콜릿 같은 고행일까

저 몸으로 이르기를
나는 길이요 진리요 생명이다 하였으니
생명에 이르는 첫걸음을
낯선 남정네 벗은 몸 우러르는 일로
시작한 어머니

일부종사(一夫從事) 어머니는 진정
저분과
사랑에 빠질 수
있을까

## 희망퇴직

줄이 돌아간다
허공을 가르며 달려드는 줄
줄을 넘으려면 줄 속으로 뛰어들어야 한다
돌아가는 줄의 속도와 띄워야 할 몸의 순간은
한 치의 오차 없이 계산되어야 한다

일정한 리듬으로 반복되는 잠깐씩의 공중부양
삶이 저렇듯
팽팽한 호흡일 때가 있었다
폭탄주와 모닝케어가 반복되는,
아침은 자명종처럼 자지러지고
목표는 붉은 신호에도 과속을 일삼았다

하루는 길고 일 년은 너무 짧았던
줄 안에서 줄을 넘던 시간들
줄을 돌리는 이의 얼굴을 본 적은 없다
다만, 걸리면 끝이라는 걸 알고 있을 뿐

얽혀 있는 세상의 줄들은
안전망이거나 덫이다
줄 안과 줄 밖
그 간발의 차이를
요실금 질금거리며 넘나들던,
줄넘기를 마치고 돌아오는 길
투망처럼 펼쳐진 머리 위 햇빛이
아직 높다

## 가을 그리고 강

강물이 흐른다
아직 그가 다 빠져나가지 못한 것일까
겨울새 한 마리
단정하게 개켜놓았던 그리움을 펼치고 날아가는 북쪽
그 긴 균열을 바라보다가
'퉁'
건드려지는 내 안의 공명들

그러고 보면 파문은 언제나
나에게서 시작되었다
길을 가다 문득
익숙한 스킨 냄새와 마주치거나
메시지를 알리는 신호음이 오면
한걸음에 달려드는 강 저편의 기억들

시간과 망각의 함수관계는
처음부터 등호가 성립되지 않는 방정식인가

아직도 강물은 흐른다
그러나 여름은 또 올 것이고
더 깊은 심연의 그도 또 돌아올 것이다
나는 저 깊은 물속
손잡을 곳 없이 매끄럽던 추락과
그 안에 수장시킨 지난여름을 향해
돌멩이 하나를 던진다
길게

# 식구

현관에 신발이 가득하다. 이리 저리 흩어져 있는 신발들. 크게 입 벌리고 있는 남편 구두. 끈 풀어놓고 콧등 반짝거린다. 저 입에 담겨진 입들, 그가 두고 온 바깥이 우멍우멍하다. 막내딸 구두, 10센티미터는 족히 넘는 굽이 중심을 잡지 못해 넘어져 있다. 뾰족하고 날렵한 하이힐, 저곳에 발을 얹으면 세상이 한 뼘쯤 내려다보이지. 발끝으로 몰리는 체중은 엉덩이로 잡아당겨야 하지. 등뼈는 곧게 서고 바짝 끌어당겨진 턱. 시선을 아래로 향하면 절로 도도해지는, 그 옆에 납작한 내 신발. 볼조차 펑퍼짐한 신발. 여자이기를 포기하고 얻은 신발. 여포신발이라 부르면서 우리끼리 웃는 신발. 저 안의 여자는 지금 몇 센티미터일까? 저기 저 아주 적당한 높이의 구두는 큰딸 꺼다. 큰딸이 킬힐과 하이힐을 양보한 건 새로 생긴 남자친구 때문이란다. 너 키 작은 거 이미 아니까 외모 때문에 건강 해치지는 말라 했다나. 그 친구와 결혼을 약속한 큰딸. 몇 달 후면 그 애는 다른 현관에 신을 벗고 잠이 들겠지. 신발들이 서로의 냄새를 섞고 있는 현관. 아침신문을 들고 돌아선다. 식구들은 아직 곤하게 자고 있다.

# 말

아기가 달려온다
아직 서툰 걸음마는
태엽 잔뜩 감아 내려놓은 장난감처럼
멈추어지지 않는다
마이너스 통장 메우러 은행에 가는
허방다리
허방다리 같은 봄날
통통통통
두 팔 벌리고 달려온다
보도블록이 환해진다
한 옥타브 높아진 하늘
마이너스 숫자들이 날아간다
내 곁을 스쳐 지나는 발소리
번─쩍 들어 안고 싶은,
아! 지나간다
잠깐이다

# 마로니에 공원

나는 바다 건너온 입양아
나를 데려온 이 누군지 모르지만
홀로 버려진 내가 겪어야 할 절망을
그는 생각이나 했을까
내면과 외면이 분리되는
그 공포를 짐작이나 했을까
천 갈래 만 갈래 뻗어도 닿을 수 없는 곳을 향해
가지 벌리고 서 있는 여기 백년,
식민지와 해방을 지나
자유와 번영을 향해 달려온 사람들의 땅
이곳에 뿌리내린 내 이름은
종로의 아름다운 나무다
내 그늘에서
까뮈와 사르트르를 논하고 가난한 사랑을 하던,
시대의 지성은 늙고
캠퍼스도 세느강도 미라보다리도 사라져
지금은 비보이 춤과 연극이 무성한 이곳
입양 갔던 아이들은 뿌리를 찾아오지만

돌아갈 곳 어딘지조차 모르는
내 이름은
이제
너도밤나무다

## 성(聖) 금요일


똥 누고 보니 휴지가 없다
휴지가 있어야 할 걸대를 야속하게 돌려봐도
빈 바퀴만 돌아갈 뿐
아! 깨끗하고도 보드라운 한 장의 휴지가
간절한,

성(聖) 금요일
십자가에 처형된 예수를 바라본다
걸대에 걸린 휴지처럼
언제나 필요할 때 풀어 썼던 예수도
오늘은 쉰단다
보라색 휘장을 두른
그 사흘간의 休止
욕망의 마지막 찌꺼기를 닦아낸 休紙처럼 참혹하다

밤샘조배를 드리는 사람들
밑줄 긋듯 꾹꾹 눌러 읽는 기도가
방금 눈 똥만큼만 정직해진다면

한 장의 휴지만큼 간절할 수 있다면
수없이 쓰고 버린 예수라는 이름 앞에 엎드린
배반의 냄새를 사함 받을 수 있을까

제 몸의 오물조차 묻히지 않으려는 두 손이
간절히 기다리는
부활절
삶은 달걀

# 장미

빨간 원피스를 입었어요 아직은 오월의 장미가 피기 전이죠 현관문을 여니 마포와 원효다리에 갇힌 한강은 밤새 깔깔거리던 불빛놀이에 지쳐 자고 있네요 스팽크가 달린 구두를 엘리베이터 안으로 들여놓으니 화장기 없는 거울이 묻네요 '너 어디 가니?' '바람 피러?' 앞서 걷는 남자의 담배연기가 바람을 따라가네요 담배 한 대 피우듯 피워지는 게 바람이라면 나도 할 수 있거든요 겹겹이 껴입은 꽃잎 속에 감춰둔 무정란을 들키기 전까진 말이에요

엄마가 되면서 멈추었던 길을 다시 달리고 싶어요 그곳이 어디였는지 잘 기억나지 않지만요 아기가 빠져나간 자리만큼 늘 배가 고파요 오늘은 그냥 장미가 될래요 온몸을 바람에 맡긴 채 흔들리고 싶어요 장미 몽우리가 터지기 전에 내가 먼저 터져버릴 거예요 생각만 해도 숨이 멎고 침이 마르는 간절함이 가시로 돋는 나는 바람이에요

저마다의 바람을 안고 서둘러 일터로 가는 아침 여의나루에요 길은 세 갈래 하나는 강으로 향해 있지요 바람이 안고 간 물

알갱이들이 스크럼을 짜고 모여 있는 곳 오랜 시간 동안 조금씩 잃어버린 내 습기도 거기에 있을까요? 이 길을 따라가면 이제 비밀의 정원으로 돌아갈 수 없어요 소도를 포기한 장미가 피어 있는, 풍경은 비로소 완성되겠지요

## 정오의 버스

세시봉 기타소리에 이끌려 들어간 종로 뒷골목
막걸리는 시큼하다
간밤 오줌 냄새가 담배꽁초에 뒤섞인 그곳
내 스무 살 겨울이 걸어간다
참고서를 멘 어깨는 가늘고
주머니 속에서 짤랑거리는 토큰 외엔
어디에도 속하지 못한 재수생 시절
이미 지나친 미래와
추억마저 놓쳐버릴 것 같은 조바심
노래는 구멍 난 양말 같다
앞서가는 연인들 웃음소리에
삐죽 내민 엄지발가락이
어눌한 발음으로 따라 부르는 팝송
짧아진 호흡에 행간 자주 비워진다
잠깐 어긋난 음정
놓쳐버린 정거장
어느새 정오는 낯선 풍경 속을 달리고

## 당신이 원하신다면

똥을 눈다

양변기 속에
똬리 틀고 앉은
똥

어제의 나를 속일 수 없는
저 싱싱한 진실

그래!
내가 그랬다
이제 시원하냐?

## 공중골목

여의도에는 골목이 없다.
그런데도 가끔 길을 잃는다.
자주 가는 설렁탕집이 여의도우체국 다음 블록인지
국민은행 본점 다음 블록인지 헷갈린다.
멀리서는 보이는 빌딩 이름을
빌딩 아래 가서는 놓친다.

골목들은 빌딩에 갇혔다.
국밥집 호프집은 지하에 갇혔다.
전자게이트가 가로막는,
골목은 엘리베이터 타고 공중으로 올라갔다.

회전문이 돌아가는 골목.
보이지도
휘어지지도 않는,
언제나 반들반들 윤이 나는 골목.
수직과 수평이 수없이 엇갈린 그곳에서
길을 잃으면

끝이 뻔한 골목.

이 대리 박 부장 김 과장님들
목에 목이 걸린,
공중골목이
여의도에 산다.

## 서 있는 물

물에도 뼈가 있는 걸까
연천군 대광리 경원선 북쪽 구간
운행이 중단된 폐터널에 물이 서 있다
흐르는 몸 일으켜
동굴 바닥에 서 있는 물
중력을 거슬러 무릎 세우는
저 오기(傲氣)
물 같은 세상을
서지 못하면 밟히는 세상을
죽은 듯 흘러가는 게 편한 세상을
그러나 한 번쯤 간절히
뒤집히길 바라는 세상을
송곳 같은 세상을
물이 칼이 되는 세상을 겨누는
역고드름이 있다

# 제2부

## 저녁

화장을 지운다
한낮의 만남을 지우고
하루치 내 여자를 지운다
거울 앞에서 조용히 뒷걸음질 치는 내 안의 나
몇 번이고 치켜 올렸던 속눈썹과
장밋빛을 훔치던 입술이 순해지는 순간을
오랫동안 들여다본다
언제부터였을까
햇살의 무지개를 속이고
문신 같은 기억들을 속이고
그 역광 속의 나마저 속이고자 했던 아침이
내게서 시작되었던, 그때가
또 다른 여자의 시작이었는지도 모를,
문밖에 숨어 엿듣는 조바심을
모르는 척
서랍 속에 감추고
스위치를 눌러
거울을 끈다

## Q&A

한낮의 버스가 졸음의 모퉁이를 휙 돈다고 느꼈을 쯤
눈에 들어온 두 개의 글자
가드레일 풀섶에 버려진
Q와 A다
누가 던져놓은 질문일까
함께 버려진 답은 또 어떤 것일까
갑자기 익숙한 증권회사 광고가 생각난다
오늘의 주가가 몹시 궁금하다
즉문즉답은 생각할 틈을 주지 않는다
거칠게 운전하는 기사를 향해 방금 떠오른 욕설처럼
입 밖으로 뱉기 전
급브레이크를 밟아야 하는 수많은 생각들
질문은 얼마나 질문다우며 답들은 또 얼마나 용렬한가
묻는 이의 입맛에 맞는 답을 찾아
밤잠을 참아냈던 오지선다(五枝選多) 시절은 그래도
정답이 있어 행복했었나?
대개 세상의 질문들은 답이 없다
마포대교 위

자살방지를 위해 설치한 생명의 길 끝
차마 다 하지 못한 외마디 질문마저 버려지는 이곳
생명의 전화를 걸어도
강물에 몸을 던져도
답은
돌아오지 않는다

## 이브의 제안 1

내 몸에는 종이배 하나 있습니다
그 위에 오르십시오
새벽 북소리처럼 정중하게
포도송이 밟듯 지그시
그렇게 오르십시오
돛은 먼 곳을 향해 열려 있습니다
물결같이 매끄러운
맨발로 오십시오
배 밑은 무한한 바다
타히티 여인의 치마폭 같은
꽃의 바다
그 끝나지 않는 천일야화 속으로
깊이 더 깊이 들어오십시오
접고 또 접은 돛이 마침내 풀리고
만삭의 파도가 배를 삼키면
그때 알게 될 것입니다
낙원은 결코
에덴에 있지 않다는 것을,

당신은 나에게 이르러서야
비로소
아담이 될 수 있다는 것을

## 이브의 제안 2
—마초들에게


막대기 하나면
총도 되고, 말도 되고, 지휘봉도 되던
골목대장 놀음은 이제 끝났다
전쟁과 지하세계 유배만이 기다리는 세상
두려움을 위장한 six-pack으론,
뱃살로 키운 배짱만으론 절대
메두사의 눈과 맞서지 마라
아내들의 귀가가 늦어져
望夫石이 望婦石 될 때까지
할 수 있는 건
게임기 젖가슴을 더듬는 일뿐
한낮의 불장난으로 오줌을 싸면
가슴팍과 사타구니에 머리를 묻고
곧 다가올 악몽을 준비하라
제우스의 바람기가 멎어도
아테네의 질투는 계속되고
아름다운 여인의 머리카락엔 뱀이 자란다
잉여의 마초들이여

애초부터 여인의 적은
너희가 아니라 여자였으니
그대들은 나의 총이 되고
페르세우스의 칼이 되어 영원히
아테나의 전장에 서게 되리

## 연(鳶)

개심사로 간다
어느 쪽으로 가야 하나 묻고
차표는 어디서 끊어야 하나 묻고
어디서 갈아타나
묻고
물어서 개심사로 간다
바람에 연줄 행여 얽힐까 걱정되고
비 내려 곤두박이면 어쩌나 걱정되고
헨델과 그레텔의 빵조각 같은
무명실 한줄
꼭 붙들고 간다
심검당 굽은 기둥은 익히 들어 힐끗 보고
대웅전 부처님은 뵀는지 못 뵀는지
휘휘 둘러 다시 해미로 나오는 길
산등성이 느릿한 송아지들
짧은 가을 해에 그림자 자꾸 밟힌다
훨훨 날고 싶어
처음 혼자 떠난 여행

개심사에서 개심사를 못 본
연은
새가 아니다

# PS

1
그 밤의 숙취는
역류에 역류를 거듭하며 내 숨통을 조여온다
복분자와 옥수수, 매실로 이어진 술판
그 밤의 나는 누구였을까?
그 분노의 정체는 무엇이며
대상은 누구였을까?
선생의 멱살을 잡고 흔들었다는,
뒤집을 수 없는 그 밤의 알리바이
하수구에 처박힌 듯 지독한 그 냄새의 발원지는 어디일까

2
계집아이 까만 눈이 다락방 구석에서 반짝거린다
귀를 막고 눈을 감아도
언제나 위험한 아버지의 귀가(歸家)
따스한 저녁이기엔
너무나 고단한 생계의 책임자
나의 아버지, 미운 유복자

목이 잠긴다
아직도 성마른 아버지의 고함이
단발머리 속을 긋고 또 그어 올가미로 변해버린 금줄들
그 안에 웅크린
계집아이와 나의 관계를
상처라 우기고 싶다

3
누군가는 말했다
욕을 먹는 게 좋다고
미움 받기를 작정하면 못할 일이 없다고
그게 바로 자유라고
하하하―
갑자기 출구가 보인다
버려지는 게 두려워 '내'가 숨겨온
'나'의 속곳을 바지랑대에 내걸고
밖으로 나가자
그리고 당당하게

뻔뻔해지자

4
PS : 오늘 지하철 광고는 말했다
'내가 아니라 술이 한 행동이라구요? 이제 술에 취해 발생한 폭력행위도 용서되지 않습니다'

—경찰청

## 오후 3시

TV를 본다
출근으로 어지럽혀진 딸들의 방과
설거지가 밀쳐진 집 안
거실 깊숙이 파고드는 햇살 속
먼지들의 춤이 어지럽다
며칠째
껌처럼 회자되고 있는 법정스님의 무소유
이미 품절되어버린 무소유가
또 하나의 소유가 되어가는 걸 바라보며
내 몫의 소유를 떠올려본다
어느새 채널은
섬진강 매화를 지나 영동의 대설주의보에 막히는 동안
오전에 과식한 무소유가
자꾸 명치를 찌르는 오후 3시
'세상에 묶인 자들은 모두 노비다'*
라는 드라마 대사를 끄고
설거지가 쌓인 주방으로 천천히 걸어간다

―――――――
*KBS 드라마 〈추노〉에 나오는 대사.

## 안전지대

전봇대에 한 손 짚고 오줌을 누다
고양이와 눈 마주친다
오줌발이 끊어진다
어디로 튈지 모르는 객기를 풀어놓기에
전봇대만큼 맞춤한 게 없지만
자동차 밑에도 눈이 있을 줄이야
놈은 못 볼 걸 봤다는 듯 천천히 자리를 뜬다
허긴 폭탄주가 문제다
아니 아침부터 깐죽대던 개부장\*이 더 문제다
어디서부터 어디까지 참고 보라는 거야?
치켜뜨는 눈꼬리에
꼬리 감추고 달아나는 골목 어디쯤
내 치부를 물고 가는 놈의 울음소리
마지막 긴 이응이 목에 감긴다
개부장에게 말대꾸한 게
자꾸 캥긴다

---

\*바람직하지 못한 품성의 직장 상사를 일컫는 비속어.

## 그 사람, 추기경*

고속도로 달리다
갑자기 끼어드는 차를 향해

저? 저거!!! 확 받아버려?

잠깐 생각했다
고 말하는,

---

*전성우 감독의 김수환 추기경 다큐멘터리 영화.

## 고양이

그는 온몸이 날개다
지금은 날지 못해도
퇴화된 날개가 살갗에 숨어들어
온몸의 털로 다시 태어난 듯,
그의 낙하는 완벽한 착지로 완성된다
그래서 얻은 이름은 '나비'다
그림자 무게조차 비우는 '나비'의 걸음걸이는
기실 두려움이며 염탐이다
두 눈은 고아처럼 흔들리지만 그렇다고
아무에게나 아양 떨거나
함부로 충성을 맹세하지 않는다
그래서 울타리 밖으로 내던져진
또 다른 이름은 '도둑'이다
낮에는 지하에 몸을 숨기고
밤이면 어둠의 계단을 오르는
그는 발톱을 잊지 않았다
본연의 야생,
그의 발톱은

개소주집 가마솥에서
뼈와 살이 모두 녹은 뒤에도
야광처럼 꺼지지 않을 것이다

## 맥도널드 할머니*

민달팽이 같은 그녀가 간다
재빨리 훑고 지나가는 호기심들
입었어도 벗은 듯
맨살에 와 꽂히는 눈총 속을
천천히 지나간다
트렌치코트 깃 바짝 올려 세워도
다 가려지지 않는 남루함이
햇살 굽은 어깨에 얹혀서 간다
아무런 대꾸가 없다
이쯤 보다가 나는 밥을 푼다
전자레인지에 넣고 데우기 2분
쏟아지는 전자파 속에서 알맞게 밥이 데워지는 시간
그녀의 시간은 이미
그렇게 프로그래밍 되어 있는 것일까
먹기는 하지만 먹히지는 않으려는
사람들 속을 그녀가 지나간다
냉장고 속 즐비한 반찬들
우월감처럼 맛있는 반찬이 또 있을까마는

그녀는 그 맛을 결코 허락하지 않는다
오히려 오르되브르처럼
호기심 잔뜩 담긴 쇼핑백을 탁자 위에 올려놓고
영자신문을 읽는,
커피 한 잔이 식도록
방송이 다 끝나도록
자신에 대한 최소한의 예의가
혈투 같은,

---

＊SBS 〈궁금한 이야기 Y〉에서 다룬 노숙자 할머니. 맥도널드 매장에서 밤을 보낸다 해서 주어진 별칭이다.

## 누진다초점

1
角이 무너진다
밥알들이 뭉개지고
글자들이 서로 엉긴다
보이는 것과 보여지는 것 사이
경계가 흐려진다
나에게
내가 속는다

2
끈질기게 따라온다
치켜떠도 내리깔아도 피할 수 없다
자유와 분방을 묻어두고 살아온
맹물 같은 나를
더 감시할 게 무에 있다고

3
그가 나를 보는 건지

내가 그를 보는 건지
하루 종일 콧잔등에서 돌아가는
CCTV
피하려면
나는 작아져야 한다?
아니 커져야 한다?

## 영동선은 없다


폭설이 예보된 날엔 영동선을 생각한다
비탈 가득한 눈발을 뚫고
기차가 터널을 빠져 나오면
보따리 행상들 수다가 숭늉처럼 끓는
영주장터 호시절이 다시 올 것 같은데
끊어진 엄마의 이야기가 이어질 것 같은데
몇 년째 영동선은 생각에만 머물고,
지그재그 오름을 멈출 새 터널이
태백산 등뼈를 뚫는 동안
남편의 근무시간과 휴일만 뒤적거린다
바람 흉흉한 밤
한 줌 온기에 기대어 잠을 뒤척이는 역무원이
아직은 지키고 있는 영동선
발목까지 빠지는 아쉬움을 헤치고
오래된 터널을 빠져나오는 기적소리가
또 한 장
나의 겨울을 넘긴다

# 2월

또
하루가 구겨지고 있는 고시원 쪽방
방구석에 2월이 먼지처럼 쌓이고 있다
침침한 희망을 더듬거리던 형광등이 이내 깜빡거리며
다 된 수명을 예고하는,
방을 빠져나온 사내
삼각김밥과 컵라면을 슈퍼마켓 계산대 위에 올려놓는다
라면발 따라 우물대는 법문들과
주머니 속을 뒤적거리는 지폐 몇 장
또 얼마만큼의 공복과 무료를 호흡해야
쪽방 속 어둠들은
더 깊은 절망과 손잡을 것인가
무거운 외투 속 은둔이 아직은 가능한,
2월
고시원 모퉁이를 돌아 나온 담배연기가
공중으로 흩어진다

## 스마트시티

금요일 저녁
지하철이 붐빈다
니코틴과 알코올에 찌든 얼굴을
서로의 갈피에 끼워 넣는 사람들
스마트한,
스마트폰 속으로 숨어든다
소문들만 아메바처럼 번식하는 환승역
스크린도어가 열리고
한 무더기 사람들
주문에 걸린 듯 빠져나간다
무빙워크로
줄지어 걸어가는
저 아바타 아바타들
스마트한
스마트 시티

## 제3부

## 환절기

퇴행성 무릎이 삐걱거리는 계단을 내려온다
달마다 열리던 몸은 닫힌 지 오래고
낡고 해진 기침소리마다 들키는 행방
속임수가 불가능한 걸음걸이 위로
빈 나뭇가지 끝에 꿰진 하늘이 깊다
언제부턴가
벅찼던 바람이 조금씩 가슴을 빠져나가고
질기게 남은 껍질의 날들에는
더 이상 호기심이 자라지 않았다
꽃피워 본 나무만이 꽃 진 자리의 예후를 알듯
경칩 지나 내리는 폭설처럼
온몸의 마디들은 저주파의 파장을 부르고
미래는
햇살 무료한 공원과 늘어나는 병원의 기록뿐이더라도
묵직한 약봉다리 버적거리며 걷는 벚나무 밑
올해도 축제는 열리고
해마다 늙어가는 봄이 유난히 삐걱거린다

## 거짓말 통조림

아버지 병상 곁에서 통조림을 딴다
달콤하고 향긋한 유년의 냄새가
봉긋하게 들어 있는 그 안
그러고 보면 그 시절
내 거짓말 뚜껑은 참으로 달콤했다
한나절 앓고 있으면 아버지가 내미시던 통조림
말랑거리는 복숭아 속살은
신열에 들뜬 머릿속을 환하게 밝혀주곤 했다
가끔씩 그 환한 유혹이 나를 사로잡으면
망설임 끝에 나는 거짓말 뚜껑을 열었지
뜨거운 아랫목에 누워 꾀병을 앓는 나에게
모른 척
통조림을 먹여주시던 아버지,
아버지 입속에 복숭아 한 조각 넣어드린다
우물거리는 볼이 비어가는 깡통 속처럼 우묵하다
감은 눈자위 따라 흐르는 눈물이
거짓말처럼 야윈 아버지를 자꾸 삼키고
나는 행여

아버지가 열어두었을지 모르는 거짓말 뚜껑의 단서를
자꾸만 입속에 넣어드린다
그렇게 아버지는 통조림을
다 비우셨다

## 재의 수요일

뜨거운 물에 바싹 마른 몸 녹이며
필살의 향을 풀어내는
구절초 차 같은 여자가 있었다
백혈병 가느다란 숨을 쉬던 그녀는
한 사제의 수단자락 굽이굽이
아홉 번 휘돌아간 길목에 핀 꽃이었다

신께 엎드려 서원한 길이
아홉 번씩 아흔 번 꺾여도
꺾어서는 안 되는 그 꽃은
겨울 지나 우수 무렵
바스라지는 몸 풀어 작고 작은 딸을 낳았다

너희는 먼지에서 와서 먼지로 돌아갈 것을 잊지 마라

머리에 재를 얹고 돌아서는 재의 수요일
회개의 시작은 죄이고 죄의 시작은 마음이니
마음을 우리에게 허락하신 자

어찌 그 죄를 물으시겠는가

마르고 말라 먼지가 되는 그날까지
죄 지을 수 있음조차 감사하는,
어느 산비탈 구절초는 지금쯤
힘껏 물올림을 하고 있겠지
다가올 부활을 위해

## 빈 중심


훌라후프를 돌린다
나를 가운데 두고 돌아가는 작은 원
구심력과 원심력 사이에서
붙잡지도 달아나지도 못하는 내가 돌아간다

혹시나 해서 사본 주식도
어쩌다 떠난 해외여행도
죽일 듯 미운 남편도 결국
돌아가고
돌아오는,

산다는 것은
골반과 가슴 사이에 걸친 훌라후프 같아서
끊임없이 옆구리를 채근하는 소명(召命)들
멈추지도
돌아서지도 못해

훌라후프와 나 사이

나와 나 사이
그 허락된 작은 원주(圓周)를
돌고 도는,
쓰다듬고 쓰다듬으며
비워가는
중심

## 저 여자

내가 예뻐 보일 때가 언제일까
생각하니 답 막힌 시험지 같다
거울을 보니
마주 보는 여인이 새삼 늙었다

잦은 파마에 빛 낡은 머리칼
이마에 얇게 잡힌 골 주름
눈은 30촉, 식은 만두 같은 뺨
그러고 보니 내가 그녀에게
예쁘단 말을 한 기억은 없다

저 여자,
불혹에도 아직 새콤한 유혹을 찾아 헤매고
낯선 세상 어디쯤을 향해 몸 일으키는
지천명의 저 여자를
내가 미워하지 못하는 까닭은

죽을 것 같은 그리움 하나 없는

구멍 숭숭한 날개를 흔들며
밤새 뒤척이는 그녀의 침상을 꼬박
함께 지키고 있기 때문이다

## 두 개의 봄

4월이 간다
햇빛은 흐렸다 맑아지고
나는 아파트 4층에서 목련을 본다
꽃은 나를 보지 않는다
나를 알지도 못한다
우리 사이에는 유리창이 있고
꽃은 혼자서 피어 있다

잠깐
아주 잠깐
사탕을 손에 쥔 아이처럼 환했다가,
내가 노후연금 상품을 찾아
인터넷 속을 헤매는 사이
어느새 치마조차 벗어던진 저 꽃

목련과 나는 아무 상관이 없다
그런데도 꽃샘바람 불어
헝클어지는 봄

저 꽃의 완성(完成)을
지켜보는 시간이 두렵다

커피 한 잔 들고 돌아온 창가
조금 전 봄은
이미 없다

# 섬

모니터 앞에서도
계약서 앞에서도
목만 살아 있다

하는 일은 종일
풍랑 뒤집어쓰는 일
남의 마음 더듬이질하는 일
정수리 나무 한 그루
한사코 지켜내는 일

해가 지면
폭탄주 화주 넘실대는
폭풍우를 건너와
변기 앞에 널브러진,

남자

# 소금편지

'이것을 보는 사람은 꼭 편지해 주시오'
전라남도 신안군 하태동리 15번지 김 복 남

땡볕 염전에 염증 난 한 청년이
어느 날 소금부대에 쪽지를 넣었다

장 담그다 말고
방에 들어와 쪽지 읽은 처녀

'여기는 강원도 강릉이래요'
태백산 넘어 편지 오가다

이듬해 가을
콩 판 돈 훔쳐 대관령 넘은

우리 할머니

## 어떤 소식

출가를 했다고 한다
온몸으로 전이된 우울증 말기
마흔일곱 잘못 든 길을 버리고 산을 택했다고 한다
목적으로만 내달리는,
제한속도 지켜지지 않는 산업도로에서
상향등 불빛에 쫓겨 비켜선 삶의 갓길에는
언제나 검은 먼지바람이 불고
어릴 적 죽은 누이의 푸른 얼굴에서 시작된 병증은
물 젖은 손수건처럼 늘 호흡을 방해하는,

삶은
죽음을 우려내기 위해 끓이는 뜨거운 물과 같은 것

어디엔가 벗어놓았을 허물 같은 시간들과
빈칸으로 남겨둔 처자식을
가슴 한쪽 울음으로 부패시키며
절집을 찾아갔을 남자

지금쯤 어느 절 마당에서
하얗게 깨달음을 쓸고 있을
남자의 싸리비 소리가 들릴 것 같은,
작설차 한 잔을 비우는 아침이다

## 뒷맛

고추는 반들반들 약이 올랐다
찬밥과 고등어김치찜
밥에 더운물 말아 숟가락으로 뭉개며
TV를 켠다
이제 막 사랑을 시작한 남녀가 스파게티를 먹는다
스푼에 돌돌 말리는 국수가락
저들의 앞날이 궁금하다
고추장에 청양고추를 찍는다
목구멍 타고 내려가는 밥알이 뜨겁다
기억을 삼키는 일도 뜨겁다
쭉 찢은 김치를 씹다가
밥 한 숟갈 퍼 넣는다
여름 내 울던 매미는 다 어디 갔을까
찬밥에 물 붓는 일보다 더 쉽게 가버리는 것들
아파트와 IFC빌딩 사이
조각난 하늘이 흐리다
한강은 혼자서 잘도 흐르고
누군가의 자유와 평화를 위해,

자동으로 돌아가는 빨래의 소음
저녁반찬은 또 무얼 하나
나의 오후는
컴퓨터고스톱 앞에서 기울어간다

## 처서

뒤꼍 알루미늄 문짝이 삐걱거린다
영동선 어디쯤에서 편승한 가을이
태백산을 넘다 동자꽃에 반했는지
추전역 톱니바퀴에 옷자락이 걸렸는지
일정을 자꾸 미루더니
불시에 도착한 바람의 발목이 성큼하다
기다림이 길수록 만남은 생경해지는 걸까
얼음 숭숭한 팥빙수에도
밤낮없이 돌아가는 냉매들의 소음에도
젖은 모래알같이 들러붙기만 하던 열대야를
비집고 들어온 바람 한 줄기
절기를 믿고 저지른 가을에의 예감이 맞긴 한 걸까

며칠 전 강화 어느 흙집에서
묵밥에 조막걸리 한 사발로 결별을 나누었던 여름
피라미 혼인색이 무지개 같던 냇가
그 비릿한 물 냄새와
부딪히면 불꽃 일 것 같던 강변의 자갈들이

방금 잃어버린 듯 그리워지겠지
나무들은 꽃눈 다듬을 궁리에 골몰할 터이고
담장 밑 댑싸리나무 통통한 대궁에 힘이 실리는 동안
먼 곳까지 나아갔던 내 안의 배들도 귀항을 서두르겠지
죽부인이 혼자 나뒹구는 문간방에서
쿰쿰한 이불과 함께 소각시킨 담뱃대와
페브리즈 향에 묻혀가는 아버지 냄새를 다독이며
시도 때도 없이 들려오는 기침소리를
자꾸 단속하는 날이 오겠지

## 마지막 출구


변기 뚜껑을 덮다가 문득
그녀를 생각한다

평생 정신을 공중에 매단 채 살았다는 그녀
홀시어미에 유복자 남편이
올가미가 된,
그녀의 청춘은
어둑한 부뚜막에서 곰방대 불빛처럼
가늘게 피었다 꺼지곤 했다

세상의 모든 뚜껑들이
내용을 보호한다는 명분 아래 소통을 봉쇄하듯
시집살이는 그녀를 가두었고
손톱여물 썰듯 하는 살림에
단 하나 숨구멍 돼주던 그녀의 곰방대
책가방에 몰래 숨겨 내가 나르던 풍년초와
누런 봉지의 보리이삭 같은 그녀는
내 가슴에 밀폐된 무기수였다

그녀를 오동나무 뚜껑 속에 가두던 날
출구는 뜻밖에
담배연기처럼 열리고

## 엉겅퀴 꽃


둔덕이면 어떻고 들판이면 어떠냐
돈 되는 일이라면 외판도 서빙도 못할 것 없지
바람 분다 물러서고 비 내린다 풀죽을까
새끼 먹일 것이라면, 명품가방에
고등어 콩나물 못 담을 것 없지
한 남자 사랑해서 결혼하고 애 낳고
희고 길던 손가락에 힘줄이 돋아
교양은 껌처럼 질겨지고 뱃살은 두둑해져
죽어도 죽을 수 없고
꺾여서도 죽을 수 없는 천형의 배역(配役)
아—줌—마
그래도 꽃은 꽃이어야 해서
마스카라 얼룩진 귀갓길 모퉁이에 맺어보는 보랏빛 멍울
젖먹이가 파먹은 빈 가슴에
사랑은 가시덤불처럼 헝클어지고
삼시세끼 제헌(祭獻)될 밥상
거룩하게 섬겨야 하는,
그래서 혹은 약이 되기도 한다는,

내 생의 줄거리는
흙에 뿌리내린 목숨들의
맨 끝이다

## 바람 부는 날

좌회전 신호를 기다린다
핸드폰의 진동음
사이렌이 울리고
구급차가 달려간다
사이렌 소리는 정말 사이렌하다
전깃줄에서 졸던 햇살이 곤두박인다
코끝에 맴도는 에탄올 냄새
바람이 분다
작은 오빠는 블랙박스가 없다
빌딩 유리창들 눈만 깜빡거린다
빨간 신호등이 목격자를 지켜본다
가로수는
침묵과 침묵 사이에
현수막을 걸고 있다
응급실엔 함정 같은 희망이 고이고
아우성을 삼키는 눈빛들
이정표가 사라진다
복도 끝

화장실 표시만 선명하다
밖에는 여전히
4월의 바람이 분다

# 두고 온 남자

한 남자를 두고 왔네. 유신(維新)을 꿈꾸다가 독살(?)된 남자. 한때는 왕이었던 남자. 지금은 한 권 책 속에 갇힌 남자. 그 오래된 남자를 발칸반도 호텔 탁자 위에 놓고 왔네.

뒤주에서 죽어가는 아비를 지켜봐야 했던 남자. 사랑도 복수도 맘 놓고 할 수 없던 남자. 온통 낯선 문자로 쓰여 있는 그 남자를 혹시 읽어내는 누군가 있다면,

비가 내리네. 영원한 제국\*을 빠져나온 남자는 어디서 비를 맞고 있을까. 라틴다리 옆 쓰레기통일까 어느 집 거실 벽난로일까 아니면 두브로브니크 성벽 위일까.

다시 중세로 돌아간 남자. 평민이 된 남자. 벽안의 여인과 사랑에 빠진 남자. 아드리아 해변에서 요트를 타는 남자. 가슴 풀어헤치고 태양을 심호흡을 하는 남자. 아! 옥새(玉璽)에서 풀려난 남자의 휘파람 소리가 들릴 것 같은……

---

\*이인화 장편소설.

# 제4부

## 다시 첫사랑

내 안에 뛰어든 자객이었네
문이 열리고
실루엣에 후광이 비칠 때
나는 보았네, 내 안에
비명 같이 튀어 오르는 불꽃 한 송이를
베어도 베어도 죽지 않는 그 꽃은
밤마다 문을 열고 찾아오네
처음은 아닌데 처음인 듯
나는 찔레순처럼 연해지고
첫눈처럼 마구 깡총거리네
잠을 자다가도
밥을 푸다가도
양철지붕 위 소낙비같이 맨발로 뛰어가네
닿아도 닿을 수 없는 거기
나는 낯선 내가 되네
말이 되지 못한 고백이 범람하는,
누군가에 이르러 비로소 무엇이 되는
거기,

# 능소화

그래도 난
네게로 가겠어
하루 한 발짝씩, 그러나 쉼 없이
뱀 혀 같은 꽃술에 물려
두 눈이 멀어도
긴 장마 건너와 축축해진 네 심지에
불 댕기러 가겠어
7월 한낮
농익어 터질 듯 위험한 주홍을
네 담장에 올려놓고
까치발 디뎌 뻗는 내 손이
잡힐 듯 잡히지 않는 너를 향해
가시가 될 때까지
먼 발소리 행여 놓칠까
내 귀는 나팔처럼 열리고
생인손 욱신거리는 밤이 지나면
치마폭에 수북한 꽃숭어리
지고 또 져도

피고 또 피는,
이 여름이 끝나기 전엔
결코 끝나지 않을.

## 부활성야미사

갈치 한 토막 구워 식탁 차려놓고 미사에 갔다
비린내가 심하게 난다
옆 사람에게 자꾸 신경이 쓰인다
깊게 가라앉은 성당 안
갈치 한 마리가 심해인 양 휘젓고 다닌다
그 미끈한 몸매와 오팔빛 지느러미
간데없고
심한 비린내만 풍긴다
사진으로도 문서로도 흔적을 남기지 않는 냄새의 행방
심증은 있는데 물증이 없으니 시치미 뗄 수는 있지만
좌불안석이다
내 기도 사이사이에 끼어들어 소망을 간섭하는 냄새
이러다간
주님께서 여러분과 함께―
또한 갈치와 함께할 수도 있겠다
냄새가 되어버린 나
내가 되어버린 갈치,
오늘 우리에게 일용할 양식이 되어줄

'말씀'은 자꾸 빗나가고
지금쯤 남편의 반찬이 되고 있을
한 토막 갈치는
영성체보다 더 단맛일 게다

## 촛불

불이
빛이 되기까지
어둠을 밀어내는 고요한 몸부림을 보라
저 숨죽인 극기의 안쪽을 보라

심지를 떠나고 싶어 날아보고 싶어 다 삼켜버리고 싶어
날름대는 헛바닥
제 안의 광기와 싸우는
저 파란 중심을 보라

촛불이 깜빡이는 것은
바람 때문이 아니다
꿈틀거리는 본능 어쩌지 못해
잠깐씩 혼절하는 것이다

불이 되고 싶은데 빛이 되라는 세상
책상도
십자가도

다 못 쓴 내 시도
제 몸 자해하다 하얗게 허물어진
불이 무덤이다
차마 감당하지 못한,

## 정거장에서

오후 2시
갈 길은 바쁘나 가서 딱히 할 일은 없다
몇 개의 번호들이 다가와 잠시 문 열고
기다렸다 떠난다
길은 적당히 안전하고
용케 양지만 골라 디딘 나의 평화는
적당히 비굴하다
그래서
어느 한곳에도 미쳐본 적 없는
꿈은 아직도 유효한가
날듯 날듯 날지 못하는 호접제비꽃
엄마 되는 것보다
아내 되는 게 어렵고
여자가 되는 건 더 어렵다
낯선 남자의 커다란 손이 내 손만큼
익숙해질 때
어느 모퉁이에서 튀어나올지 모를 만남이나 이별에도
서럽거나 설레지 않을, 그때야

딛고 일어설 여자란 배역
닦고 닦아 반들거리는 길 위에서
한 번도 본 적 없는,
번호를 기다린다
길은 열려 있고

# 詩

그것은
냉장고 틈바구니에 피어난 한 송이 유혹이다
언젠가 한 번쯤 맞닥뜨리리라 예감하는 막다른 골목이며
신열에 시달리는 머리맡에서
객귀 물리는 어머니의 주술이고
마리아상 앞에 녹아내리는 촛농의 기도를
송두리째 흔드는 폭력이다
포장에 포장이 덧대어진 생각과
기우고 또 기워 너덜해진 문장을 주머니에 넣고
노트북을 열면
키보드의 점괘는 언제나 교차로를 만나
귓가를 어지럽힌다
주행의 어느 쯤에서
생각은 고장 난 길로 접어든 걸까
비상등처럼 깜빡거리는 커서 앞에
한 칸도 옮겨가지 못하는 정체(停滯)를 바라보는 새벽
이쯤에서의 환승은 어떨까
갈 곳을 모르는데 가야 하는 형벌 앞에

아침은 왜 그리 빨리 찾아오는지
미수에 그친 시 한 편을 마우스 오른편으로 그어
delete key를 누른다

절실하지 않은 호흡은 하품에 지나지 않는다는,

# 인사동

지리산으로 오세요
여자만 끼고 쭉 들어오세요
지리산하구 여자만은 어떤 사이죠?
평양만두 소백산한우 제주똥돼지
원숭이 똥구멍에서 반도 삼천리까지
이어지고 이어진 골목길
고무줄놀이를 해요
간질거리는 맨종아리들
언제 달아났는지 모르게 잃어버린,
단추 같은 옛날이 여기 있어요
목단꽃 수놓인 베갯머리 쇼윈도
큰언니 색실이 반짝거려요
18색 크레파스가 너무 갖고 싶어요
엄마가 부지깽이 휘두르면
재빨리 도망가줘야 해요
보라색 없이는
무지개가 안 된다는 걸 엄마는 몰랐을까요
비단잉어가 헤엄치는 지리산

마루 밑에 신발 벗어놓고 곤드레밥을 먹어요
여자만 꼬막에 막걸리도 괜찮은데
누룩에 버무린 쉰 보리밥이
포도나무 밑에서 뽀글뽀글 익으면
베보자기 밖으로
골목과 집, 하늘과 나무가 빙글빙글
발에 고무줄이 감겨요
무지개가
검은 광목처럼 펄럭여도 다 용서되는
옛날이
여기 있어요

## 꽃피는 시절*

함박눈 내리는 인사동
화강암 같은 시절에
기다린다 꽃이 피기를
와도 섧고 가면 더 설운
꽃은
얼기설기 나무둥걸 어디쯤
보일 듯 말 듯 아무 말 없이
보는 듯 안 보는 듯 간절히
너무 오래된 시간이다
강원도 촌놈이 여기까지 와서
경상도 문딩이 전라도 거시기와 술을 마신다
달항아리에 막걸리 찰랑거린다
내리는 눈이 캔버스를 문지른다
나무와 하늘 구름과 바람이 서로를 문질러
어둑어둑 서로에게 스미는, 그곳에
슬쩍 내비친 연분홍 온기(溫氣)
들키지 말기를
서두르지 않기를

꽃피는 시절 와도 꽃피지 않던
그때를 그리워하는
오래된 골목 인사동 선술집
고목에
꽃피우는 사람들

---

＊박수근 화백의 그림, 1960년 작, 95×130㎝.

# 통영

중앙시장 뒤 언덕길
고양이 한 마리 지나간다
입에는 팔뚝만 한 우럭을 물었다
동피랑 골목 어디쯤 파랗게
새끼들 눈이 보고 있겠지

아버지가 왜
공주섬 앞바다에 가죽잠바 뭉치를 던졌는지
해경 사이렌 소리가
아버지의 사업을 어떻게 망가뜨렸는지
알 때쯤
나도 아버지가 됐다

일제 밀수연필로 공부를 했던,
세병관(洗兵館)*에 칸 질러 만든 교실은 헐리고
집터조차 오리무중인,

옛집 더듬는 산책길

고양이 꼬리가
빳빳하다

*국보 305호. 1604년 왜구의 침략을 막기 위해 두룡포에 설치했던 삼도수군통제사영의 중심 건물. 출전하는 군사들이 출사 의식을 거행하던 곳.

## 우리 집


붉은주머니광대버섯이 피었다
희고 긴 모가지에 얹힌
축축한 주홍

청상과부 할머니는 또 곡기를 끊고 돌아누웠다
무얼 잘못했는지 알지도 못하는 엄마는
그 머리맡에서 빌고 또 빈다
가뜩이나 우물 속 같은 집이 더 어둑해진다
어젯밤을 생각하는지
엄마는 서둘러 콩죽을 쑨다

아버지는 대꼬바리에 엽초를 꼭꼭 메우겠지
장죽이 너무 길어
돌아누운 할머니에게 물릴 수 없겠지
달래고 또 달래겠지
애비 얼굴 한번 못 보고 태어난 죄를
고해하고 또 고해하겠지

나는
뒤란 나무담장 밑 버섯 모가지 분질러
콩죽에 빠뜨리고 싶어
소리 안 나는 총 있으면
정말 좋겠어

어두컴컴한 부엌
엄마가 곰방대를 빤다
풍년초에 그려진 보리이삭 같은 엄마
타고 또 타는, 엄마에게서
파란 연기가 난다

광대버섯 포자가 둥둥 떠다니는
우리 집

## 소리놀이


한 남자가 놋양푼을 두드린다
불현듯 불려나온 소리 하나
그릇 가득 차오른다
또 하나의 양푼을 두드린다
소리가 그릇에 찰랑거릴 무렵
그 위에 요령을 흔든다
소리가 돈다
똬리처럼 서로의 다리를 걸고 몸을 섞는다
머리채를 휘감으며 멀어지는 소리
정적, 그리고
어디쯤일까
북을 친다 부르르 떨며
살가죽 밖으로 튕겨진 소리가 팔을 붙든다
뿌리치다 잡고
출렁거리다 굽이치고
흩뿌리다 여미는 춤판
강물 바닥을 휘얼~휄 휘젓는, 소리는
범람하는 동백꽃

맨발을 널름대는 작두다
그 시뻘건 신명 위에 슬쩍
피리소리 덧놓인다
한 번도 본 적 없는, 천상이 햇살처럼 쏟아지고
급기야
허물어진다
오 척도 안 되는 몸뚱이로 버텨온 직립
그 깊은 궁륭 어딘가 웅크려
건드려주기만을 기다렸던
태초의 내가—

## 아버지의 건널목

주머니 속 핸드폰을 만지작거리며
건널목 신호가 바뀌길 기다린다
넉 달째 체류 중인 아버지의 병세
누군가 골똘히 켜놓은 저 신호등처럼
아버지의 임종도 어느 길목에서 대기 중일 것이다
요 며칠 전화기 속에 살고 있는 올케
그녀의 목소리 너머로
거리의 은행잎이 흩날리는 걸 보며
내가 비우고 싶은 건
아버지의 삶일까 나의 불안일까
세상이 모두 빛이었던 아버지
아버지는 지금 흘러가버린 시절 어디쯤에 서 계신 걸까
일숫돈 장끼 꾹꾹 눌러쓰던 시장판과
미군부대 하우스 보이 시절
끼니 대신 마시던 설탕 커피 한 대접
아직 다 비우지 못해 머뭇거리는지도 모를,
방문을 열자
이승의 몇 가닥 호흡으로 건널목을 건너시는 아버지

은행잎 같은 아버지
노랗게 누워 있다

# 11월

엄마 요양원 다녀오는 길

플라타너스 이파리

바람에 떨어진다

일생 골몰한 저 잎은

이제,

자유다

**해설**

# 여자란 배역과 빈 중심의 노래

임동확 시인·한신대 교수

　스위스 출신의 법학자이자 인류학자였던 바흐오펜(*Johann Jakob Bachofen, 1815~1887*)은 『모권제와 원시종교(*Muterrecht und Urreligion*)』에서 그리스 신화 속에서 선사인류의 모권적 사회조직을 통찰하고 고대 사회에 있어서 모권제의 존재를 주장한 바 있다. 고대 로마법을 전공한 학자로서 그는 부계 출생에 선행하는 모계(母系) 중심의 이른바 모권제 시대엔 여성이 한 집안 또는 씨족의 중심이 되어 권위와 권력을 소유했으며, 사회 전반에 걸쳐 여성이 우월적인 지위를 유지했다고 전한다. 오늘날 우리가 말하는 '어머니 나라(mother country)', 또는 '조국(motherland)'이란 용어 역시 여기에서 유래했으며, 특정한 민족에 한정되지 않았던 모권제 시대엔 자식들이 어머니의 성(性)을 따라 이름을 지었으며, 상속권 또한 딸들의 몫이었다고 한다.

하지만 그는 인류 초기 역사에서 어머니와 자식 간의 사랑은 삶에서 빛나는 지점이었으며, 심각한 불행과 도덕적인 혼돈 속에서 유일한 기쁨의 원천이었던 모권 중심적 전통은 인류문화의 발전 단계상 '아버지의 연인들(father lovers)'의 출현에 따라 점차 소멸해갔다고 말한다. 아버지에 대한 아들의 자기희생을 기반으로 하는 자식과 아버지 간의 밀접한 관계에 따라 모든 지구적인 생명체에 고루 삼투했던 신비로운 힘으로서 작용하던 모성애가 점차 그 빛을 잃어갔다는 것이다. 특히 그는 가부장제의 본격화에 따라 모성애의 가장 빛나는 대목이라고 할 수 있는 사해동포적 형제애(fraternity)의 상실과 더불어 폭력의 세계 속에서 신성한 사랑과 화합과 평화의 원칙에 큰 영향력을 끼친 어머니와 자식 간 유대감이 서서히 파괴되어 갔다고 말하고 있다.

김종애 시인의 첫 시집 『거짓말 통조림』이 이러한 모권제의 미덕을 내세우고 있는 것은 아니다. 동시에 남녀 간의 성 차별이나 남성중심의 사회구조로 인한 억압과 불평등에 주목하는 특정한 페미니즘을 내세우고 있는 것도 아니다. 하지만 이미 쓴 글자를 지우고 그 위에 쓴 양피지(palimpsest)와 같은 그녀의 시들을 들춰보면, "자유와 번영"의 이름으로 진행된 근대화의 폭력과 파괴에 맞서 "가지 벌리고 서 있"던 '위대한 세계 나무(Great World Tree)'로서 "종로의 아름다운 나무"를 꿈꾸고 있다. 한때나마 "까뮈와 사르트르를 논하고 가난한 사랑"을 마다하지 않던 "시대의

지성"들을 보호하고, 그들에게 휴식처를 제공했던 "너도밤나무"(「마로니에 공원」)처럼 지금도 여전한 가부장제 하에 지워지거나 희석되어 있는 모권적 문화의 흔적들이 숨어 있다.

흔히 가족이나 전체를 위해 여성으로서 개별적 독립성을 포기하거나 도외시하는 여성적 희생성 역시 이와 무관하지 않다. 표면적으로 그것들은 여성의 일방적인 억압이나 구속과 연결시켜 보기 십상이다. 하지만 넓은 의미에서 보면, 무슨 "보호"나 "구원"의 "명분 아래" 참된 "소통"이나 공평한 관계를 가로막는 "세상의 모든" "봉쇄"나 억압 속에서 "단 하나"의 "숨구멍" 또는 '마지막' "출구"로서 "곰방대"와 "풍년초"에 의지할 수밖에 없었던 "그녀"(「마지막 출구」)들의 희생은, 단지 개인적인 희생에 그치는 것이 아니라 인간을 포함한 모든 존재를 보다 크게 포용하기 위한 의도적이고 자발적인 포기를 의미한다. 또한 '부활성야미사'를 참석하는 동안 "남편의 반찬"을 위해 "구워 식탁"에 "차려놓"은 "갈치" "비린내"(「부활성야미사」)에 전전긍긍하는 모습 역시 마찬가지다. 단지 이것은 한 가정의 주부이자 아내로서 곤혹스러움을 말하는 데 그치는 것이 아니라, 다른 모든 생명체에 대한 '사랑의 치료(loving care)'에 탁월한 감수성을 가진 어머니의 길을 나타낸다.

> 둔덕이면 어떻고 들판이면 어떠냐
> 돈 되는 일이라면 외판도 서빙도 못할 것 없지

바람 분다 물러서고 비 내린다 풀죽을까
새끼 먹일 것이라면, 명품가방에
고등어 콩나물 못 담을 것 없지
한 남자 사랑해서 결혼하고 애 낳고
희고 길던 손가락에 힘줄이 돋아
교양은 껌처럼 질겨지고 뱃살은 두둑해져
죽어도 죽을 수 없고
꺾여서도 죽을 수 없는 천형의 배역(配役)
아—줌—마
그래도 꽃은 꽃이어야 해서
마스카라 얼룩진 귀갓길 모퉁이에 맺어보는 보랏빛 멍울
젖먹이가 파먹은 빈 가슴에
사랑은 가시덤불처럼 헝클어지고
삼시세끼 제헌(祭獻)될 밥상
거룩하게 섬겨야 하는,
그래서 혹은 약이 되기도 한다는,
내 생의 줄거리는
흙에 뿌리내린 목숨들의
맨 끝이다

—「엉겅퀴 꽃」전문

일반적으로 '엉겅퀴 꽃'으로 은유화된 '아줌마'는 자신의 자녀들을 양육하고 보호하기 위해 지극히 열악한 삶의 조건이나

체면 따위에 아랑곳 하지 않은 채 생활전선에 뛰어드는 여성이다. 가령 자식 "새끼를 먹일 것이라면" 애지중지하는 "명품가방"에 냄새나는 "고등어"나 "콩나물" "담"을 것을 마다하지 않는 억척여성을 가리킨다. 그래서 한국 사회는 물론 세계적으로 가끔씩 비하되기도 하는 "아―줌―마"라는 대명사는 남성적인 호전성을 바탕으로 상대방에게 적대적인 태도를 보이거나 자기중심적이고 이기적인 생활 태도를 보이기 일쑤이다. 하지만 다른 각도에서 보면, "죽어서도 죽을 수 없고/꺾여서도 죽을 수 없는 천형의 배역(配役)"을 도맡은 "아―줌―마"들의 이 같은 희생정신은, 다름 아닌 항상 사랑을 베풀고자 하는 여성적 능력과 기꺼이 모든 것을 사랑하고자 하는 여성적 마음의 일면을 보여준다.

물론 이러한 자기희생적이고 무조건적인 헌신만이 "여성의 아름다움" 또는 본래적인 여성상이 아니다. 어떤 여성이든 예외 없이 "유혹당하고 싶은/유혹", 곧 수동적이나마 분명 한 인간으로서 욕망을 갖고 있다. 하지만 그럼에도 불구하고 그러한 여성적 본능과 충동들을 지배하고 억압하는 남성중심의 사회 속에서 대다수 여성들은 "많이 아픈" 것들을 숨기거나 필사적인 "견딤"을 통해(「인터뷰」) 잠시 유보하고 있다. 그야말로 여성적 희생의 미덕은 "여자이기를 포기하고 얻은"(「식구」) 영예 아닌 영예일 뿐이다. "하루 종일" "나"를 감시하는 "CCTV" 같은 당대 사회의 윤리도덕이나 여전히 완고한 가부장제의 응시 속에서 여성 본연의 "자유와 분방을 묻어두고 살아온"(「누진다초점」) 결과가 어머니란 거룩한 이름이라 할 수 있다.

이른바 억척스럽고 강인하며, 한없이 자애롭고 인자한 한국적인 여성 또는 어머니상이 그렇다. 단적으로 그러한 이미지들은 순전히 그녀들의 개인적인 선택과 의지의 문제가 아니다. 대다수 한국 여성들이 자신의 여성성을 희생할 수밖에 없었던 근저(根底)에는 "청상과부 할머니" 밑에서 "무얼 잘못했는지 알지도 못"한 채 "빌고 또" 빌어야 했던 "엄마"(「우리 집」)가 있다. 이른바 한 여성이자 인간으로서 모든 것을 포기하거나 희생하는 것을 미덕으로 칭송해온 한국적 어머니상은, 칠거지악(七去之惡)으로 대변되는 유교적 전통을 기반하고 있다. 예컨대 일생동안 한 남편만을 섬겨야 한다는 "일부종사(一夫從事)"(「예수님의 six-pack」)나 '남존여비(男尊女卑)'와 같은 여성 억압적 사회윤리를 내면화하고 생활화한 결과일 뿐이다.

슬프게도 "엄마 요양원 다녀오는 길"에 "바람에 떨어"지는 "플라타너스 이파리"를 보고 무심결에 "이제" "자유다"(「11월」)라고 외칠 수밖에 없는 사정도 이와 무관하지 않다. 낙엽을 보고 자유라고 외치는 이면엔, 오늘날의 진척된 여권신장에도 불구하고 죽음으로밖에 탈출할 수 없는 여성적 부자유와 억압이 숨겨져 있다. 직업 선택이나 자기실현보다는 "출근으로 어지럽혀진 딸들의 방" 청소와 "설거지가 쌓"여 있는 "주방"에 "노비"처럼 "묶"여 있는 게 대다수 한국 가정주부들의 현실이다. 한 명의 여성이 가정을 유지하고 생활에 쫓겨 살아오는 동안 "예쁘단 말을 한 기억"조차 없는, "죽을 것 같은 그리움 하나 없이" "지천명"에 이른 "저 여자"(「저 여자」)는 다름 아닌 이러한 한국 여성들의 자화상이며, 여전히 그녀들은 새로운 활로를 찾지 못한 채 "컴퓨터고스톱"으로 시간을 낭비하거나 "누군가의 자유와 평화를 위해" "빨래"를 하고 "저녁반찬"(「뒷맛」) 걱정에서 자유롭지 못한 게 부인할 수 없는 사실이다.

그렇다고 모든 여성들이 극도로 제한된 여성의 역할에 그친 채 그저 수동적이고 소극적인 자세로 삶을 영위하고 대처해온 것은 아니다. 사회적이고 제도적인 억압으로 "더 이상" 세상에 대한 "호기심이 자라지 않"은 채 "질기게 껍질"만 "남은" 것 같은 시대의 "날들"(「환절기」) 속에서도 드물게나마 여성적인 적극성을 보인다. 가족이나 이웃의 강요가 아닌 자발적인 의지와 결단으로 외부 남성과 결혼하는 능동성을 보여주기도 한다.

'이것을 보는 사람은 꼭 편지해 주시오'
전라남도 신안군 하태동리 15번지 김 복 남

땡볕 염전에 염증 난 한 청년이
어느 날 소금부대에 쪽지를 넣었다

장 담그다 말고

방에 들어와 쪽지 읽은 처녀

'여기는 강원도 강릉이래요'
태백산을 넘어 편지 오가다

이듬해 가을
콩 판 돈 훔쳐 대관령을 넘은

우리 할머니

―「소금편지」 전문

얼핏 보면 위의 시 「소금편지」는 "우리 할머니"의 결혼에 얽힌 얘기로 한정해서 보기 쉽다. 하지만 우연히 "소금부대"에 들어 있는 쪽지를 보고 "편지"를 "오가다"가 "이듬해 가을" "콩 판 돈"을 "훔쳐" "대관령"을 "넘은" "할머니"는, 단순히 한 가계사(家系史)의 한 인물에 그치지 않는다. 당대로선 보기 드문 용기와 결단을 보여준 할머니는, 무의식적이나마 절체절명의 위기의 순간이나 죽음의 위험에 남성들보다 더 현명하고 과감하게 대처하는 모성 원형을 보여준다. 이는 조상의 세계이자 전통문화의 모체이자 자기실현의 목표이자 영적인 인도자를 의미한다.

그러니까 일찍이 "청상과부"였던 "할머니"는 "애비 얼굴 한 번 못 보고 태어난" "아버지"에게 "엽초를 꼭꼭 매우"게 하는 심술을 부리고 "엄마"(「우리 집」)를 구박하던 인물만이 아니다. 그러한 어두우면서 위협적인 면을 갖추고 있으면서도 동시에 '할머니'는 '어머니의 어머니', 더 위대한 모성 원형이다. 또한 가족의 의식주와 건강을 책임지면서 무한한 지혜를 선보이고 무제한의 사랑과 아량을 보여주는 오랜 전통의 수호자이다. 점차 남성화되어가는 오늘날 한국 여성들의 무의식 안에서 동화되기를 기다리고 있는 본연의 여성성이 '할머니'로 나타나고 있는 것이다.

한 여성으로서 "내가" "엄마가 되면서 멈추었던 길" 또는 "장미가 피어 있는" "소도"를 찾아 "다시 달리고 싶"(「장미」)다는 욕망은, 따라서 한갓 여성으로서 성적 자유와 해방감을 누리고 싶은 이탈 욕구에 그치지 않는다. 홀연 "먼 곳까지 나아갔던 내 안의 배들"에 대한 간절한 "귀항"(「처서」) 의지는, 설령 "개소주집 가마솥"에서 "뼈와 살이 모든 녹은 뒤에도/야광처럼 꺼지지 않"(「고양이」)은 채 빛나는 "본연의 야생성"을 갖춘 '고양이'와 같이 감추어진 신비의 원지적(原地的, chthonian)인 여성이다. 미처 "가려지지 않는 남루함" 때문에 "눈총"을 받으면서도 "자신에 대한 최소한의 예의"(「맥도날드 할머니」)를 지키고자 타인들의 호의를 끝까지 거부해 장안의 화제를 모았던, 일명 '맥도날드 할머니'처럼 고대인의 경외의 원천이었던 여성의 원시적 품격과 숭고함의 회복 의지와 맞물려 있다.

불이

빛이 되기까지
어둠을 밀어내는 고요한 몸부림을 보라
저 숨죽인 극기의 안쪽을 보라

심지를 떠나고 싶어 날아보고 싶어 다 삼켜버리고 싶어
날름대는 헛바닥
제 안의 광기와 싸우는
저 파란 중심을 보라

촛불이 깜박이는 것은
바람 때문이 아니다
꿈틀거리는 본능 어쩌지 못해
잠깐씩 혼절하는 것이다

불이 되고 싶은데 빛이 되라는 세상
책상도
십자가도
다 못 쏟 내 시도
제 몸 자해하다 하얗게 허물어진
불이 무덤이다
차마 감당하지 못한,

―「촛불」 전문

일반적으로 "빛"은 남성 원리의 하나로서 여성 안에 담겨 있는 "불"과 연관되어 눈부심 또는 상승을 상징한다. 특히 모권제적인 관점에서 볼 때 새로운 "빛"은 여성적 "불"이 실제로 출산한 것을 의미한다. 하지만 "불이/빛이 되기까지/어둠을 밀어내는 고요한 몸부림"과 "숨죽인 극기"를 요구한다. 모성적 원리로 볼 때 "불"은 "빛"을 가져오는 밤의 여신을 뜻하며, 여성성에게 죽음의 결혼을 강요하는 부정적 남성 원리를 의미하는 것이다. 즉 타오르고 있는 "촛불"의 "심지를 떠나"거나 "날아보고 싶"은, 거기서 더 나아가 "다 삼켜버리고 싶어/날름대는 혓바닥" 같은 "제 안의 광기"는, "꿈틀거리는 본능 어쩌지 못해/잠깐씩 혼절하는" 망아상태와 연결되어 있다. 특히 내적인 불로서 여성의 섹슈얼리티를 나타내기도 하는 "불"은 망아상태의 오르가즘을 넘어 보다 높은 상부와의 소통을 이루려는 의지와 맞물려 있다.

하지만 여성으로서 "불이 되고 싶은" '나'의 욕망은 "빛이 되라는 세상"의 요구와 충돌한다. 그리고 이는 "빛"이 다름 아닌 가부장제적 의식, 이른바 영적이고 추상적인 남성 원리를 상징하고 있는 것에 대한 무의식적인 반발을 의미한다. 달리 말해, "제 몸을 자해하다 하얗게 허물어진/불"은 "책상"과 "십자가"와 "시"로 대변되는 영적 변환이다. 그야말로 "빛"과 "불"의 신성혼(神聖婚, Hierosgamos)에 의한 여성성의 상부와 하부 원리와의 결합의 실패를 나타낸다. 남성적 원리인 "빛"과 결합을 통해 다시 젊어지고자 하는 여성적 욕구는 "차마 감당하지 못한" 채 "무덤"이 된 "불"로 인해 좌절되고 만다.

그에 대한 여성으로서 "나"의 반응은 자신도 모르게 "간밤의 숙취"에 남성인 "선생의 멱살을 잡고 흔들"(「PS」)거나 "고속도로를 달리"는 동안 "갑자기 끼어드는 차를 향해//저? 저거!!! 확 받아버려?"(「그 사람, 추기경」)와 같은 부정적이고 도발적인 여성성으로 나타난다. 하지만 그것은 극히 일부일 뿐, 그녀는 쉽사리 가부장적 사회에 대한 경멸이나 적대감을 내보이지 않는다. 그러기는커녕 오히려 유복자로 태어나 "세상이 모두 빛이었던 아버지"(「아버지의 건널목」)나, 가족들과 평온하고 "따스한 저녁" 시간을 보내기엔 "너무나도 고단한 생계의 책임자"로서 "계집아이" 시절의 "나"에게 "상처"를 주었던 "아버지"(「PS」)에 대한 짙은 연민의식을 내보인다. 동시에 기업의 이윤추구로 쉽게 구조조정 당하는 고용 불안의 세상에서 살아남기 위해 "폭탄주"나 "화주"의 "폭풍우를 건너와/변기 앞에 널브러진,//남자"(「섬」)들에 대한 따스한 격려와 응원을 보내기도 한다.

흔히 아담의 갈비에서 태어났다고 하는 '이브의 제안'은 여기서 시작된다. 먼저 그녀는 지나치게 남성다움을 과시하는 이른바 "잉여의 마초들"에게 "막대기 하나면/총"과 "말"과 "지휘봉"이 "되던/골목대장 놀음"의 시대, 이른바 권위적이고 억압적인 가부장제적 사회가 "이제 끝났"음을 선언한다. 그러면서 육체미를 강조하는 "six—pack"이나 남자다운 "배짱"은 실상 "두려움을 위장"한 것에 불과한 것임을 익히 알고 있기에, 마주치는 순간 남자들을 돌로 굳게 하는 여신 "메두사의 눈과 마주치지 마라"고 경고하고 있다. 또 "애초부터 여인의 적"은 남성이 아니라 여성의 아름다움을 강화하기 위해 "여자"(「이브의 제안 2」)들끼리 벌이는 경쟁과 견제에 있으며, 무의식적이나마 그것들이 역으로 남성의 남성다움의 약화시키는 원인으로 보고 있다.

그렇다고 한 여성으로서 김종애 시인이 자연적으로 부여된 인간의 권리를 약탈하고 두 성(性) 사이의 화합을 왜곡하는 억압적 사회구조를 개선하기 위한 노력을 경시하거나 외면하는 것은 아니리라. 하지만 그녀에게 더 중요한 것은, "당신"으로 대변되는 남성이 "먼 곳을 향해 열려 있"는 여성인 "나에게 이르러서야/비로소" 진정한 "아담이 될 수 있다"(「이브의 제안 2」)는 점이다. 또한 남녀라는 양성(兩性) 간의 조화와 더불어 각기 다른 남녀의 속성을 포용할 때 우리의 삶이 보다 풍요로워지고 윤택해지리라는 '제안'이다. 그리고 이는 모계중심사회(matrifocal)가 바흐오펜의 주장처럼 고고학적 또는 역사적 실재물이 아니라 심리학적 실체에 가깝다는 사실과 일치한다. 동시에 모계제적 사회가 어머니 또는 여성이 통치하거나 지배하기보다 오히려 남자와 여자 사이의 동등한 지위가 보장된 평등주의 사회였다는 연구결과와도 통한다.

다시 말해, "고시원 쪽방"을 전전하며 "삼각김밥"이나 "컵라면"으로 연명하는 "사내"(「2월」)에 대한 연민의식이나 지하철 "스크린 도어가 열리"자 마치 "무빙워크로/줄지어 걸어가는/아바타들"(「스마트시티」)에 대한 그녀의 걱정스런 시선은, 한 여성 시인으로서 사회적 약자에 대한 관심의 표명만이 아니다. 특히 그것들은 살아 있는 모든 것에 대한 관심과 죽은 자에 대한 슬픔의 저장소로서 여성 특유의 모성성의 발현을 의미한다. 또한 "제한 속도가 지켜지지 않는 산업" 현장에서 "삶의 갓길"로 밀려나 "처자식"을 남겨둔 채 "절집을 찾아" "출가"한 "남자"(「어떤 소식」)에 대한 애정 어린 눈길은, 단지 오늘날 가부장제의 쇠퇴와 더불어 부각되고 있는 모권제적 세계의 징후와 무관하지 않다.

한 남자를 두고 왔네. 유신(維新)을 꿈꾸다가 독살(?)된 남자. 한때는 왕이었던 남자. 지금은 한 권 책 속에 갇힌 남자. 그 오래된 남자를 발칸반도 호텔 탁자 위에 놓고 왔네.

뒤주에서 죽어가는 아비를 지켜봐야 했던 남자. 사랑도 복수도 맘 놓고 할 수 없던 남자. 온통 낯선 문자로 쓰여 있는 그 남자를 혹시 읽어내는 누군가 있다면,

비가 내리네. 영원한 제국\*을 빠져나온 남자는 어디서 비를 맞고 있을까. 라틴다리 옆 쓰레기통일까 어느 집 거실 벽난로일까 아니면 두브로브니크 성벽 위일까.

다시 중세로 돌아간 남자. 평민이 된 남자. 벽안의 여인과 사랑에 빠진 남자. 아드리아 해변에서 요트를 타는 남자. 가

숨 풀어 헤치고 태양을 심호흡하는 남자. 아! 옥새(玉璽)에
서 풀려난 남자의 휘파람 소리가 들릴 것 같은……
―「두고 온 남자」 전문

흔히 여성 속에 내재되어 있는 아니무스의 형상으로 볼 수 있는 '정조대왕'을 모델로 하는 위 시는 "유신(維新)을 꿈꾸다가 독살(?)"된 제왕적인 "왕"에 대한 회고나 찬양을 겨냥하지 않는다. 또한 '정조대왕'은 보다 높은 요구 수준의 여성에 있어서 곧잘 나타나는, 무의식적으로 추구했던 행위 또는 가치의 발현으로서 아니무스의 대리자를 나타내는 것만이 아니다. 오히려 "뒤주에서 죽어가는 아비를 지켜봐야 했"으며 "사랑도 복수도 맘 놓고 할 수 없"었던 한 불행한 "남자". 기꺼이 "옥새(玉璽)"로 상징되는 일체의 권력이나 권위 따위를 버리고 "평민"이 될 수 있는, 국적과 인종의 벽을 넘어 "벽안의 여인"과도 스스럼없이 "사랑"에 빠질 수 있는 소박하고 자유로운 영혼의 소유자가 내가 진정으로 사랑하는 "남자"이다. 한 여성으로서 '나'는 해외 여행 길에 '두고 온' "한 남자"와의 통합을 통하여 본능적인 힘의 충동에서 벗어나 진취적이고 창조적인 여성성을 가진 여성으로 태어나고자 하며, 무엇보다도 이는 '정조대왕'으로 의인화된 남성상의 추구를 통해 이른바 의식적이고 외면적인 남성성과 조화로운 관계를 모색하고 있는 셈이다.

아버지 병상 곁에서 통조림을 딴다
달콤하고 향긋한 유년의 냄새가
봉긋하게 들어 있는 그 안
그러고 보면 그 시절
내 거짓말 뚜껑은 참으로 달콤했다
한나절 앓고 있으면 아버지가 내미시던 통조림
말랑거리는 복숭아 속살은
신열에 들뜬 머릿속을 환하게 밝혀주곤 했다
가끔씩 그 환한 유혹이 나를 사로잡으면
망설임 끝에 나는 거짓말 뚜껑을 열었지
뜨거운 아랫목에 누워 꾀병을 앓는 나에게
모른 척
통조림을 먹여주시던 아버지,
아버지 입속에 복숭아 한 조각 넣어드린다
우물거리는 볼이 비어가는 깡통 속처럼 우묵하다
감은 눈자위 따라 흐르는 눈물이
거짓말처럼 야윈 아버지를 자꾸 삼키고
나는 행여
아버지가 열어두었을지 모르는 거짓말 뚜껑의 단서를
자꾸만 입속에 넣어드린다
그렇게 아버지는 통조림을
다 비우셨다

— 「거짓말 통조림」 전문

위 시는 단지 '나'의 어린 시절 "한나절 앓"거나 "꾀병"을 부리면 가만 "복숭아" "통조림 먹여주시던 아버지"에 대한 추억담이나 회고담이 아니다. 어느덧 "병상"에 누운 "아버지" 곁에서 넣어드리는 "복숭아 한 조각"은 모든 슬픔과 고통을 잊게 하는 약(藥)인 네펜데(nepenthe), 마치 "거짓말"처럼 병상에서 일어나게 하고 생명을 살리는 주술적 음료의 일종이다. 그리고 이제 "모른 척/통조림을 먹여주시던 아버지"를 대신하여 자꾸만 "통조림"을 권하는 "나"는 다름 아닌 주술적 효험의 약이나 증류주를 가진 일종의 의무(醫巫)이자 치료자로서 고대적 여신(女神)이다. 또한 부족하고 결핍된 음식과 영양을 공급하는 자가 아니라 마술적 변용과 재생의 터를 제공하는 원시적 태모(太母)를 가리킨다.

그러나 "엄마 되는 것보다/아내 되는 게 어렵고/여자가 되는 건 더 어"려운 현실 속에서 "한 번도 본 적 없는", 그러나 분명 어딘가로 "열려 있"을 "여자란 배역"(「정거장에서」)은 버겁기만 하다. 가정과 생활의 책임자로서 여성인 "나"를 "가운데 두고 돌아가는" "구심력"과 "끊임없이 옆구리를 채근하는 소명(召命)들"이 환기하는 자기실현의 욕구들이 견인하는 "원심력 사이"에서 그 "중심"(「빈 중심」)을 유지하기란 여간 힘든 게 아니다. 특히 "한 번쯤 간절히/뒤집히길 바라"(「서 있는 물」)지만, 여전히 여성의 억압을 기반으로 하는 남성중심의 가치와 윤리가 지배하고 있는 상황에서 그 누구의 강요가 아닌 스스로 주도하는

'여사제(女司祭)'로 존립하기란 더욱 어렵다.

그러나 제도화할 수 없고 보이지 않기에 '빈 중심'이라고밖에 말할 수 없는 '여자란 배역'은 때로 부정적이고 파괴적인 형상을 보여주지만, 그럼에도 불구하고 때로 상식적 이해를 뛰어넘는 지혜와 자애로움 등으로 나타난다. 특히 양가적인 그 모성원형들은 시대와의 "균열"이나 단절의 "심연" 속에도 다루기에 따라 "통" "내 안의 공명들"(「가을 그리고 강」)을 이끌어낼 수 있다. 한 여성이자 어머니로서 그녀의 내면 또는 "깊은 궁륭 어딘가 웅크"린 채 "건드려주기만" "기다"리는 "태초"의 "소리"(「소리놀이」)와 만날 수 있다.

김종애 시인의 첫 시집 『거짓말 통조림』은 "꽃의 완성을/지켜보는" "아주 잠깐"의 "시간"(「두 개의 봄」)이자 "마구 깡충거리"는, "처음은 아닌데 처음인 듯"한 순간과 마주하고 있다. "말이 되지 못한 고백이 범람하는,/누군가에 이르러 비로소 무엇이 되는/거기,"(「다시 첫사랑」)에 와 있다. 결국 모든 시는 "막다른 골목"(「詩」)과 같은 의미의 영점(零點) 지대를 힘들게 통과할 때, 아주 "잠깐"이나마 "통통통통/두 팔 벌리고 달려"(「말」)오는 것. 되돌아가면서 앞으로 나아가는 근원적 도약으로서 '말'과 '시'의 맨얼굴과 마주해 있다.

이 도서의 국립중앙도서관 출판시도서목록(CIP)은 서지정보유통지원시스템 홈페이지
(http://seoji.nl.go.kr)와 국가자료공동목록시스템(http://www.nl.go.kr/kolisnet)에서
이용하실 수 있습니다.(CIP제어번호: CIP2015013750)

문학의전당 시인선 203

## 거짓말 통조림

ⓒ 김종애

| | |
|---|---|
| 초판 1쇄 인쇄 | 2015년 6월 19일 |
| 초판 1쇄 발행 | 2015년 6월 26일 |
| 지은이 | 김종애 |
| 펴낸이 | 고영 |
| 편집 | 이현호 |
| 디자인 | 헤이존 |
| 펴낸곳 | 문학의전당 |
| 출판등록 | 제311-2012-000043호 |
| 주소 | 서울시 은평구 연서로11길 7-5 401호 |
| 편집실 | 서울시 마포구 마포대로 127, 413호(공덕동, 풍림VIP빌딩) |
| 전화 | 02-852-1977 |
| 팩스 | 02-852-1978 |
| 블로그 | http://blog.naver.com/mhjd2003 |
| 전자우편 | sbpoem@naver.com |

ISBN 979-11-86091-34-0  03810

* 이 책의 판권은 지은이와 문학의전당에 있습니다.
* 양측의 서면 동의 없는 무단 전재 및 복제를 금합니다.
* 잘못 만들어진 책은 바꿔드립니다.